ENTES
FICOS
TIERRA

Valle del Indo

Un valle es un terreno bajo rodeado por una tierra más alta. El valle del Indo está en Asia. El río Indo ha moldeado el valle. Se extiende casi 3,000 kilómetros (1,864 millas) a través de los países de India y Pakistán, hasta el mar Arábigo. En el valle se han ubicado algunas de las primeras civilizaciones de la Tierra.

OCÉANO
ATLÁNTICO

Mar del
Norte

VALLE DEL RÍO
ALPES
Río Danubio Mar Negro
MONTAÑAS ATLAS
Mediterráneo
MONTAÑAS ZAGROS
Río Tigris
Río Éufrates
Mar
Caspio

Río Nilo
Río Níger
Río Congo

GRAN
VALLE
DEL RIFT

Río Ganges

Mar
Arábigo

Bahía de
Bengala

OCÉANO ÍNDICO

HIMALAYA

Huang He
(Río Amarillo)

LLANURA
DEL NORTE
DE CHINA

Chang Jiang
(Río Yangtsé)

Río Mekong

OCÉANO
PACÍFICO

Llanura del Serengueti

Una llanura es un área de tierra grande y plana.

La Llanura del Serengueti se extiende a lo largo de los países de Kenia y Tanzania, en África. Es una pradera larga y plana. En esta llanura viven manadas de cebras, elefantes, leones y otros animales salvajes.

¡Prepárate! Estás por explorar tres de los destinos más interesantes del planeta. Comenzaremos con la cordillera de los Andes, la cordillera más larga de Sudamérica. Luego viajaremos al valle del río Rin, uno de los valles más grandes de Europa. Finalmente visitaremos la Llanura del Norte de China, uno de los lugares más poblados de la Tierra. Descubrirás cómo la naturaleza moldeó estos accidentes geográficos. También aprenderás cómo se vive en cada uno de estos lugares.

∨ Llanura del Norte de China

NATIONAL GEOGRAPHIC

Peldaños

Montañas, valles y llanuras

LOS ACCID GEOGRÁ DE LA

por Richard Easby

Desde muy alto sobre la Tierra se pueden ver las sorprendentes características de nuestro planeta. Hay **montañas** altas con picos cubiertos con nieve. Pueden ser lugares fríos y ventosos donde pocas plantas y animales sobreviven. En otras áreas profundas, **valles** amplios serpentean a lo largo de la tierra. Hay ríos que corren a lo largo del fondo de muchos valles. También pueden verse **llanuras** planas que se extienden hasta el horizonte. Conozcamos algunos de estos maravillosos **accidentes geográficos**.

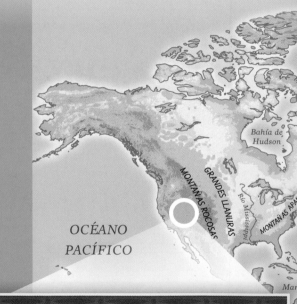

Bahía de Hudson

MONTAÑAS ROCOSAS

GRANDES LLANURAS

Río Mississippi

MONTAÑAS APA

OCÉANO PACÍFICO

Mar

Montañas Rocosas

Una montaña es un lugar alto con laderas empinadas. Las Montañas Rocosas se extienden entre los Estados Unidos y Canadá. Algunos de sus picos miden más de 4,267 metros (14,000 pies) de alto.

LA CORDILLERA DE LOS ANDES

Los Andes son montañas altas con picos puntiagudos, que se extienden desde Venezuela hasta Argentina. Las civilizaciones antiguas, incluidos los incas, vivieron en estas montañas.

El valle del Rin

El río Rin formó el valle del Rin. El río nace como un arroyo de montaña en Suiza. Recorre Alemania, Francia y Holanda y forma un valle ancho.

La Llanura del Norte de China

La Llanura del Norte de China es una vasta área plana. Está formada por profundas capas de sedimentos que han depositado los ríos. Esta llanura se usa principalmente como tierra de cultivo, pero la ciudad de Beijing está en su borde norte.

Compruébalo Compara y contrasta las montañas, los valles y las llanuras.

LA CORDILLERA DE LOS ANDES

por Christopher Siegel

¡HOLA Y BIENVENIDOS A LA CORDILLERA DE LOS ANDES!

¡Hola y bienvenidos a la cordillera de los Andes!

¡Que no te maree la altura! Estás en la cima de las **montañas** más altas del mundo. Algunas de las cumbres están a casi 6,100 metros (20,000 pies) sobre el nivel del mar.

Los Andes también son uno de los grupos de montañas más largos del mundo. Se extienden aproximadamente 7,000 kilómetros (4,350 millas) sobre gran parte del continente de Sudamérica.

La roca en los picos de la cordillera es áspera y puntiaguda. Algunas montañas tienen pliegues que conectan los picos. El hielo creó muchas de estas formaciones rocosas a través de la **degradación.** El agua se congela en las grietas de la roca y se expande cuando se transforma en hielo. Esto hace que la roca se parta y se creen hermosos picos montañosos rocosos.

Los Andes se ubican en Sudamérica.

El agua se filtra dentro de las grietas de las rocas. Cuando el agua se congela, se expande. Esto hace que la roca se parta.

VIVIR EN LAS MONTAÑAS

CLIMA

En la altura de los Andes, el aire suele ser frío y seco. Los picos más altos tienen nieve todo el año. El estado del tiempo no cambia mucho.

TRANSPORTE

Las montañas tienen laderas empinadas y la roca se parte y se desgasta. La roca suelta puede producir derrumbes de tierra peligrosos.

DÓNDE VIVEN LAS PERSONAS

La cordillera de los Andes es rocosa y tiene una capa muy fina de suelo. El clima es frío. En los Andes puede crecer hierba y algunos cultivos, pero es difícil que crezcan árboles allí.

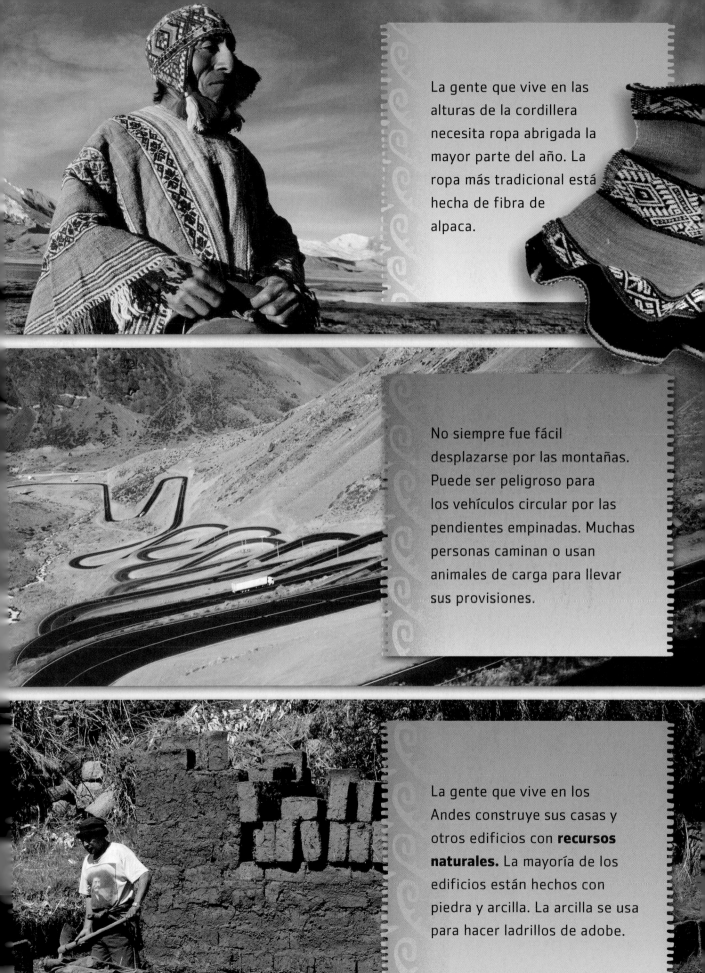

La gente que vive en las alturas de la cordillera necesita ropa abrigada la mayor parte del año. La ropa más tradicional está hecha de fibra de alpaca.

No siempre fue fácil desplazarse por las montañas. Puede ser peligroso para los vehículos circular por las pendientes empinadas. Muchas personas caminan o usan animales de carga para llevar sus provisiones.

La gente que vive en los Andes construye sus casas y otros edificios con **recursos naturales.** La mayoría de los edificios están hechos con piedra y arcilla. La arcilla se usa para hacer ladrillos de adobe.

ALPACAS

Los Andes son el hogar de un animal de pastoreo conocido como alpaca. La antigua civilización Inca apreciaba la lana de alpaca, el manto exterior suave del animal. La llamaban "fibra de los dioses". Todavía hay rebaños de alpacas en el paisaje montañoso de los Andes. La lana se usa para hacer sombreros, ponchos, mantas y otros objetos tejidos.

1. PASTOREO Las alpacas son animales de pastoreo y generalmente permanecen juntas. Los dueños vigilan sus manadas.

2. ESQUILEO
Las alpacas se esquilan al menos una vez al año. Al animal se le corta la lana como en un corte de cabello. La lana crece de nuevo con el tiempo.

3. TEÑIDO
La lana de alpaca puede teñirse de muchos colores. Muchas tintas se hacen con plantas que crecen en los Andes.

4. TEJIDO E HILADO
La fibra de alpaca se hila toda en un hilo. Con este hilo se tejen o se hilan paños u otras telas. Muchos objetos de color se hacen con él.

5. EN EL MERCADO
En los mercados y las tiendas de los Andes se venden objetos hechos con fibra de alpaca. Los paños hilados son populares entre los pobladores locales y los turistas.

Compruébalo ¿En qué se diferencian los Andes del lugar donde vives?

El valle del Rin

por Lara Winegar

Hallo und Willkommen zum Rhein-Tal!

¡Hola y bienvenidos al valle del Rin!

Como puedes ver, este **valle** es un lugar hermoso. Está salpicado de castillos antiguos, ciudades modernas, aldeas pequeñas y ricas tierras de cultivo. El valle del Rin es una de las zonas más visitadas de Europa.

El río Rin formó el valle. El río nace en Suiza como un arroyo pequeño y fluye hacia el norte aproximadamente 1,300 kilómetros (800 millas). Se ensancha cuando llega a tierras más planas. Con el tiempo, el agua en movimiento erosionó la tierra y creó un valle ancho. La **erosión** es el proceso natural de recoger y mover rocas y suelo a un lugar nuevo.

El valle del Rin sigue al río Rin, que fluye a través de gran parte de Europa.

Con el tiempo, las aguas rápidas del río Rin formaron el valle del Rin. El valle comienza angosto y empinado (A). Se vuelve ancho cuando el río cruza tierras planas (B).

CLIMA

El paisaje del valle del Rin cambia con cada estación del año. La mayor parte del valle tiene veranos cálidos y húmedos, otoños frescos y secos, inviernos fríos y primaveras cálidas y húmedas.

TRANSPORTE

El río Rin ha sido una ruta de transporte importante desde que se colonizó el valle. El río une el sur y el norte de Europa. Los barcos llevan mercancías a las ciudades que están junto al río.

DÓNDE VIVEN LAS PERSONAS

El agua del río es un **recurso natural** importante. Los que viven en el valle del Rin usan el agua en sus casas, en sus granjas y para fabricar productos. La gente se estableció junto al río para aprovechar el agua.

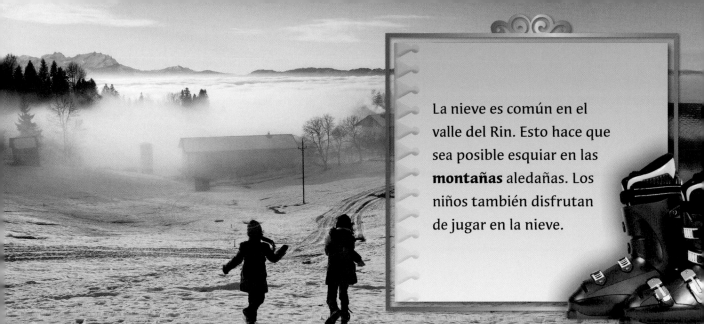

La nieve es común en el valle del Rin. Esto hace que sea posible esquiar en las **montañas** aledañas. Los niños también disfrutan de jugar en la nieve.

El valle plano es una superficie perfecta para los caminos y los trenes. Los caminos unen las ciudades del valle del Rin. Los trenes de alta velocidad van rápidamente de un lugar a otro.

Hace siglos, se construyeron castillos junto al río Rin para proteger la tierra y para tener fácil acceso al agua. Más tarde, se desarrollaron aldeas, pueblos y ciudades.

Flores

El valle del Rin es perfecto para cultivar flores. La región tiene un suelo fértil y rico. El agua del río se usa para regar, o irrigar, la tierra. Las hileras de tulipanes y otras flores forman campos brillantes y coloridos.

1. PLANTAR Es más conveniente plantar los bulbos de tulipán en el otoño, antes de que se congele la tierra. Estos comienzan a crecer bajo tierra y en la primavera brotan hacia la superficie.

2. CULTIVO Las flores crecen en amplios campos. Las máquinas rocían agua y fertilizante sobre las plantas. Las flores se cosechan justo antes de que florezcan.

3. COSECHA Las flores se cosechan y se envían al mercado muy rápidamente. Las flores cortadas deben mantenerse en agua y en un lugar fresco para que no se marchiten.

4. VENTA Las flores cortadas en el valle del Rin, especialmente de Holanda, se venden en los mercados locales. También se envían a otros países. Las flores que compras quizá provengan del valle del Rin.

Compruébalo ¿En qué se diferencia el valle del Rin del lugar donde vives?

La Llanura del Norte de China

por Beth Geiger

欢迎华北平原

¡Bienvenido a la Llanura del Norte de China!

Se puede ver a lo lejos. No hay **montañas** grandes u otro accidente geográfico que arruine la vista de la **llanura**. Pero la Llanura del Norte de China no es toda igual. Algunas de sus áreas incluyen ciudades grandes, otras son desiertos rocosos y otras son tierras de cultivo.

La Llanura del Norte de China es un **accidente geográfico** vasto y plano. Se formó con partículas diminutas de materiales de la Tierra llamados cieno. A lo largo de millones de años, las tierras altas rocosas se **degradaron,** o se rompieron, hasta que se convirtieron en cieno. El cieno se **erosionó** y los ríos y los arroyos, incluido el Huang He, lo arrastraron desde las tierras altas. Cuando los ríos se inundaron, sedimentaron, o depositaron, el cieno en la tierra.

La Llanura del Norte de China es una gran área plana en China.

La Llanura del Norte de China se formó en un largo período de tiempo. Los ríos sedimentaron capas de cieno en la superficie de la tierra como una manta que se esparce sobre el terreno.

Vivir en la Llanura

CLIMA

El clima en la Llanura del Norte de China varía. Algunas partes son áridas, o secas, con poca lluvia. Otras partes sufren inundaciones casi todos los años.

TRANSPORTE

La Llanura del Norte de China es muy grande. Constituye una gran porción de China. Como es tan grande, en ella se usan diferentes tipos de medios de transporte.

DÓNDE VIVEN LAS PERSONAS

Una gran parte de la población del mundo vive en la Llanura del Norte de China, o cerca de ella. Las personas viven en lugares muy diferentes. Algunas viven en aldeas rurales.

Las inundaciones pueden ser peligrosas. Se han construido presas a lo largo del río Huang He para controlar estas inundaciones. Las presas administran el caudal del agua, pero también bloquean el cieno. Esto significa que se deposita menos cieno en la llanura.

Las personas que viven lejos de las ciudades suelen usar bicicletas, caballos o incluso camellos para viajar. Los trenes de alta velocidad y los caminos pavimentados unen las ciudades.

Otras viven en ciudades importantes. Beijing es una ciudad importante en el borde norte de la llanura. Es la capital de China.

Algodón

El cieno que queda después de las inundaciones produce un suelo fértil para los cultivos. Alimentos como el trigo, el mijo y el maíz se cultivan en la Llanura del Norte de China. Otro cultivo importante es el algodón, que se usa para hacer ropa y otros productos. China es uno de los principales productores de algodón del mundo.

1. PLANTAR Las semillas de algodón se plantan en hileras. Las plantas crecen en forma de cono aproximadamente de 1 a 2 metros (3 a 6 pies) de alto. Necesitan abundante agua y luz solar para producir algodón. El algodón está listo para cosecharlo aproximadamente 200 días después de haberlo plantado.

2. COSECHA

El algodón está listo para cosecharlo cuando parece nubecitas blancas. Después de recogerse, el algodón se ata en fardos. Los fardos de algodón se llevan a fábricas para procesarlos.

3. PROCESAMIENTO

El procesamiento del algodón implica muchos pasos. Las fibras de algodón se limpian y se produce hilo.

4. PRODUCCIÓN DE ARTÍCULOS

Muchas prendas de vestir se hacen con algodón. La mayoría de los artículos tienen una etiqueta. La etiqueta dice de qué está hecho el artículo y dónde se hizo. Muchos artículos se hacen con algodón de la Llanura del Norte de China.

Compruébalo ¿En qué se diferencia la Llanura del Norte de China del lugar donde vives?

Comenta

1. Compara los tres accidentes geográficos de los que se habló en este libro. ¿En qué se diferencian las montañas, los valles y las llanuras? ¿En qué se parecen?

2. ¿Cuáles son los diferentes recursos naturales sobre los que leíste en este libro? Describe cómo se usan estos recursos.

3. ¿Qué lugar descrito en este libro te gustaría visitar más? ¿Por qué?

4. ¿Qué te sigues preguntando sobre estos lugares? ¿Dónde podrías ir para buscar más información?